AF312958

ÉTAT-MAJOR DE L'ARMÉE
2ᵉ Bureau

CONFIDENTIEL

ENSEIGNEMENTS

DE LA

GUERRE RUSSO-JAPONAISE

Note nᵒ 2. — Mitrailleuses.

Décembre 1905

Exemplaire nᵒ＿＿＿＿ remis à ＿＿＿＿＿＿＿＿

État-Major de l'armée
2e Bureau

Enseignements de la Guerre Russo-Japonaise

Note n° 2. Mitrailleuses.

Sommaire.

Fol. V
73/1
(2)

Enseignements de la Guerre Russo-Japonaise.

Mitrailleuses.

Il a été fait un grand emploi des mitrailleuses dans la guerre russo-japonaise. —

Les Officiers russes et japonais ainsi que les Officiers étrangers ayant suivi la guerre de Mandchourie sont unanimes à reconnaître les grands effets matériels et moraux de cet engin.

Nous étudierons successivement son emploi dans l'armée russe et dans l'armée japonaise.

A — Armée russe.

L'armée russe possédait avant la guerre 5 compagnies de mitrailleuses. — On en a créé de nouvelles à raison d'une compagnie (8 pièces) pour chaque Division d'Infanterie. (Type Maxim).

Ces mitrailleuses étaient soit attelées soit sur bât.

La composition des compagnies sur le pied de guerre était la suivante :

Type attelé
Officiers	5
Hommes de troupe	81
Non combattants	14
Total	95

56 chevaux

Type sur bât
Officiers	5
Hommes de troupe	105
Non combattants	14
Total	119

56 chevaux

Il y avait en outre dans les divisions de cavalerie d'Extrême-Orient des détachements de 2 (ou 4 ?) mitrailleuses à cheval dont tout le personnel était monté.

Enfin, un fusil-mitrailleuse (Fusil Madsen) du poids de 7^k,300 environ, servit vers la fin de la guerre à organiser quelques détachements. —

Ce fusil mitrailleuse peut tirer sur appui (2 tiges de fer liées à l'extrémité du fût). On adapte à la boîte de culasse un chargeur contenant 20 cartouches (30 si l'on veut).

B. Armée japonaise

À la suite d'essais comparatifs faits au Japon la mitrailleuse Hotchkiss fut définitivement adoptée. 60 de ces engins furent achetés à la maison Hotchkiss avec le droit d'en construire dans les arsenaux japonais.

La construction ne commença qu'avec la guerre et donna lieu à des malfaçons de sorte que ce ne fut qu'en Octobre 1904 qu'on put en délivrer à l'Infanterie.

Les premières furent données au Corps de siège de Port Arthur et aux 2 brigades indépendantes de cavalerie.

L'engin est le modèle Hotchkiss 1902 en usage dans certaines unités françaises. — Il tire la cartouche du fusil Arisaka modèle 1897 du calibre 6^{mm},5.

Les cartouches sont disposées sur des chargeurs rigides en laiton contenant chacun 30 cartouches.

La hausse est graduée de 200 à 2.000 m.

L'arme peut tirer jusqu'à 600 coups à la minute.

On construisit d'abord des mitrailleuses à trépied sans bouclier, puis on les munit de boucliers carrés de 0 m. 70 de côté et 5 mm d'épaisseur. (Ces boucliers furent traversés par les balles du fusil russe aux courtes distances).

Enfin, on adopta le type (restreint au début aux mitrailleuses des 2 brigades de cavalerie) de l'arme à bouclier, sur affût à roues avec avant train.

Toutes les formations japonaises en furent successivement dotées dans des proportions variables.

Organisation. — La mitrailleuse montée sur trépied est transportée sur bât.

Poids porté par le cheval de pièce 99 k, dont 51 pour la mitrailleuse, 18 pour le trépied et 30 pour le bouclier.

Poids porté par le cheval de munitions 93 k (3400 cartouches).

La mitrailleuse sur affût à roues avec avant train pèse en batterie 211 k, l'avant train chargé 273 k, soit pour la voiture pièce 484 k.

Cette voiture est traînée à bras par 6 hommes.

La mitrailleuse sur affût à roues avec avant train affectée à la cavalerie pèserait 756 k (à cause de la plus grande épaisseur du bouclier et de l'approvisionnement plus considérable en munitions de l'avant train.

Elle est traînée par 4 chevaux.

Chaque batterie sur roues affectée à la Cavalerie a reçu 3 affûts trépied transportés sur les caissons pour le cas où le terrain serait trop difficile pour que l'affût à roues puisse être amené jusqu'à la position choisie —.

Fractionnement — La batterie de mitrailleuses à trépied (6 pièces) se fractionne au combat en 2 échelons.

1er échelon { 6 chevaux de bat portant chacun une mitrailleuse
12 ___________ d° ___ 2400 cartouches

2e échelon — 12 ___________ d° ___ 2400 cartouches

Soit au total un approvisionnement de 57.600 cartouches (9.600 par arme).

La batterie de mitrailleuses à affût sur roues et avant-train forme également 2 échelons —

1er échelon — 3 (ou 6) mitrailleuses avec leurs avant-trains.

2e échelon — 12 (ou 24) chevaux de bât avec chacun 2400 cartouches.

Soit au total un approvisionnement de 25.200 cartouches (8.400 par arme) pour la batterie de 3 pièces.

Pour les mitrailleuses qui accompagnent la cavalerie l'approvisionnement en munitions paraît plus considérable —.

Personnel — La batterie de 6 mitrailleuses à trépied comprenait au début :

1 Lieutenant commandant 58 hommes (dont 4 sous officiers), 38 chevaux son personnel fut augmenté de 15 hommes de troupe (dont 3 sous officiers).

La batterie de 3 mitrailleuses sur affût à roues :

1 Lieutenant commandant 48 hommes , 20 chevaux

La batterie de 6 mitrailleuses sur affût à roues affectée à la cavalerie : 1 Lieutenant commandant 73 hommes de troupe dont 7 sous officiers, 65 chevaux.

Répartition des mitrailleuses.- A la 1ère armée chaque Régiment d'Infanterie même de réserve possédait une batterie de mitrailleuses à trépied (6 pièces).

Il en était probablement de même à la 4e et à la 5e armées.

A la 2e armée chacune des divisions actives a reçu en Novembre 1904, 12 mitrailleuses (soit 6 par brigade ou 3 par régiment) sur affût léger avec roues et avant-train.

A la 3e armée (chargée du siège de Port Arthur), la dotation devait être plus considérable et les deux types employés.

Les deux brigades indépendantes de cavalerie reçurent d'abord chacune 4 mitrailleuses sur roues, plus 4 autres sur trépied qui pour les transports étaient réparties sur les affûts et les avant-trains des 4 premières.

Dans la suite elles eurent chacune 6 mitrailleuses, toutes sur roues.

Toutes les formations de campagne de l'armée japonaise furent dotées de ces engins.

Mode d'emploi - Les mitrailleuses ont été constamment employées non seulement dans la défensive mais aussi dans l'offensive.

Dans la défensive elles se sont montrées très éfficaces.

On pouvait les amener sur des hauteurs ou sur des points inaccessibles à l'artillerie.

Leur feu est foudroyant et permet d'agir de tous côtés. —

Dans l'offensive leur rôle a aussi été très grand.

On ne doit pas les amener sur la ligne des tirailleurs où elles sont trop visibles surtout celles qui ont des boucliers.

Il faut les établir un peu en arrière de la première ligne sur une position d'où elles puissent tirer sur les tranchées ennemies.

Dès qu'un point d'appui est conquis l'arrivée rapide des mitrailleuses fait échouer les retours offensifs.

Aux avant postes, elles se sont montrées précieuses pour battre les défilés et le terrain d'approche de l'ennemi. Elles ont servi à repousser les attaques de nuit pendant lesquelles les hommes tirent trop haut.

Avec la cavalerie elles suppléent au manque de puissance du feu de cette dernière.

Sur les lignes du Cha ho elles étaient placées dans des abris enterrés, très solidement construits et présentant une étroite ouverture longitudinale pour le canon de l'arme et la vision des servants.

À la 1ʳᵉ Armée japonaise on groupait d'ordinaire les mitrailleuses 2 par 2 à 20 mètres d'intervalle, pour la facile surveillance du chef de section.

Les sections étaient distantes entre elles de 150 à 300 m pour profiter du terrain en vue de s'abriter des coups de l'artillerie.

Les mitrailleuses peuvent gêner considérablement la mise en batterie de l'artillerie adverse si elles se trouvent à bonne portée (1200 m et au dessous).

Elles sont inefficaces contre les pièces en position ayant réglé leur tir – alors le personnel n'a plus qu'à s'abriter en attendant une occasion favorable.

Elles font peu de mal aussi aux mitrailleuses adverses bien couvertes.

Distances de tir – De 500 à 700 m dans la défensive pour ne pas attirer trop tôt le feu de l'artillerie ennemie.

À ces distances le feu de ces engins a un effet supérieur à celui de l'artillerie comme de l'infanterie (Lt Cel Cowisart).

Ils obtiennent l'arrêt à peu près instantané des lignes de tirailleurs ennemis en terrain découvert (on cite le 8 mars 1904 une ligne de tirailleurs littéralement fauchée par 2 mitrailleuses russes dissimulées à 600 m).

Dans l'attaque il ne faut pas tirer à plus de 1500 m mais dans la poursuite quand on aperçoit des formations serrées ce qui est un cas fréquent, on peut tirer à plus grande distance.

Fonctionnement. – Les mitrailleuses ont bien fonctionné. Aux essais une mitrailleuse japonaise tira 10.000 cartouches sans inconvénient.

Consommation de Munitions. – D'une manière générale les consommations ne paraissent pas avoir été excessives.

Pertes en servants. – Elles furent souvent considérables.

—————

Appréciations sur les mitrailleuses.

Appréciations sur les mitrailleuses.

Les appréciations des officiers russes, japonais et français sur les mitrailleuses sont toutes très élogieuses et reconnaissent la nécessité d'employer ces engins sur une grande échelle.

Rapport des Officiers de la 35ᵉ Division.– Le rapport des officiers de la 35ᵉ Division, revu par l'État-Major russe s'exprime ainsi :

"Les mitrailleuses ont acquis une importance énorme nos troupes en font plus de cas que du canon.

"Il est désirable d'avoir par division 12 à 16 mitrailleuses (soit une par bataillon) constituant une unité spéciale sans les répartir dans les régiments. [1]

"L'infanterie a besoin de mitrailleuses portatives à bras. Dans l'attaque elles sont incomparables pour se cramponner sur un terrain gagné (contre attaque) en qualité de machines sans âme et par suite de leur grand effet moral.

"Et plus loin, au sujet de l'attaque de l'infanterie : Une fois la distance réduite à 400, 500 pas (300, 350ᵐ) il devient difficile de viser et ordinairement les balles volent par dessus les têtes et vont tomber loin derrière.

C'est pendant cette période que la mitrailleuse qui est une machine sans nerfs acquiert une immense valeur.

---

[1] Le Chef d'État-Major général russe est d'un autre avis.

"Elle ne subit pas d'affaiblissement nerveux et elle fauche littéralement les lignes de l'attaque.

C'est en cela, il faut croire, que consiste la raison de l'effet moral considérable de la mitrailleuse. Son crépitement égal et indifférent au milieu du vacarme énervant du combat produit une impression très forte."

Opinion du Capitaine d'État-Major Soloviev. – De son côté, le Capitaine d'État-Major Soloviev a émis l'avis suivant dans une conférence sur les enseignements de la guerre russo-japonaise.

"En parlant de la guerre actuelle il est impossible de ne pas s'arrêter sur une nouvelle arme qui a réussi en peu de temps à se montrer comme une des découvertes les plus destructives de la technique militaire. Nous voulons parler des mitrailleuses. Elles se sont montrées tout d'abord à Turentcheou et elles ont reçu une large application dans les combats suivants.

"Légères, mobiles, occupant peu de place, n'ayant pas besoin d'une grande protection elles sont amenées facilement par les chevaux ou à bras sur les hauteurs les plus abruptes inaccessibles à l'artillerie d'où elles ouvrent un feu foudroyant et précis.

"Faciles à diriger elles règlent aisément leur

tir sur l'objectif et une fois qu'elles sont réglées elles le suivent sans le quitter.

"On peut sortir de la sphère du feu d'artillerie ennemie en se déplaçant de quelques centaines de pas sur le côté et il est assez difficile à ses batteries de changer de hausse et de direction quand le but se déplace rapidement.

"La mitrailleuse déplace facilement et rapidement la gerbe de ses balles en arrosant littéralement le but.

"Une colonne qui est tombée sous le feu de la mitrailleuse peut difficilement sortir de la zone battue et en un temps très court elle subit des pertes énormes.

"Dans les combats actuels la crépitation sèche et saccadée de la mitrailleuse s'entend sans interruption pendant des heures entières et exerce une action exaspérante et oppressante.

"L'effet produit est considérable au point de vue moral et au point de vue matériel.

"Ce n'est pas en vain que la mitrailleuse a été appelée "l'arrosoir du diable."

Appréciation du Chef d'État Major Général de l'Armée russe.

Le Général Moulin s'exprime ainsi dans un rapport sur l'emploi de la mitrailleuse :

" Il est quelques points sur lesquels une certaine unanimité tend à s'établir et parmi ceux-ci en première ligne l'importance des mitrailleuses, la nécessité de ne pas en avoir moins que l'adversaire.

"Mais si l'on entre dans les détails d'application : choix du type de l'arme, système d'affectation des mitrailleuses aux troupes, déjà les divergences d'opinions reparaissent.

"Les uns sont pour : des unités spéciales de mitrailleuses sur roues affectées aux divisions et constituant de véritables batteries sur le type des compagnies de mitrailleuses Maxim affectés aux divisions de tirailleurs de Sibérie orientale pendant la guerre.

"D'autres se prononcent pour une mitrailleuse très légère, absolument portative, sorte de fusil automatique répartie entre les compagnies et les escadrons.

D'après ces derniers il est indispensable aujourd'hui d'avoir dans toute chaîne de tirailleurs pour se cramponner au terrain occupé ou conquis, aussi bien dans l'offensive que dans la défensive, quelques mitrailleuses portatives, autrement dit des tireurs qui n'ont pas de nerfs et restent en état dans les moments les plus critiques et au milieu de l'ébranlement général de fournir des feux ajustés et rapides.

Pour cela il faut, il suffit de posséder quelques fusils machines fixés dans un bouclier qui couvre la tête et les épaules du tireur couché et sert en même temps de chevalet.

" Tous les hommes de la Compagnie ou de l'escadron doivent connaître le maniement de l'arme.

" Une petite équipe à 3 hommes porte l'arme le bouclier, des munitions.

" Un pourvoyeur dont les mains tremblent, dont la vue se trouble peut encore rendre de grands services pourvu que les cartouches qu'il porte ne soient pas brulées dans son fusil qui les enverrait dans le bleu, mais le fusil machine sans nerfs qu'il approvisionne. Il faut alors autant de mal à l'ennemi et constitue autant au Salut commun que s'il avait conservé un sang froid surhumain.

" Combien faut-il avoir de ces fusils machines par Compagnie ou par escadron — On dit ici de 2 à 4 mais en tous cas si l'adversaire en possède il ne faut à aucune prix en avoir moins que lui.

" Parmi les partisans de la mitrailleuse fusil machine je puis citer en première ligne le Général Daluzime, chef d'État Major général qui prône depuis longtemps du reste le fusil Madsen (amélioré par la Commission de l'École de tir d'Oranienbaum.)

Ceux qui avaient été commandés pendant la guerre n'ont pas eu paraît-il l'occasion d'être éprouvés.

Opinion du Lt Colonel Corvisart.— Le Lt Colonel Corvisart a écrit ce qui suit au sujet des mitrailleuses.

" Russes et Japonais s'en sont servi avec succès non seulement dans la défensive mais aussi dans l'offensive.

D'abord faiblement dotés de ces engins ils en ont accru dans la suite considérablement le nombre mis en service à l'armée, reconnaissant ainsi de part et d'autre l'avantage qu'ils trouvaient à leur utilisation.

" Tous les officiers japonais dont j'ai pu avoir l'opinion déclarent que les mitrailleuses ont rendu dans cette campagne les meilleurs services.

" Ils pensent que chaque Régiment d'infanterie soit être pourvu de ces armes, le nombre variant de 6 à 8; 6 mitrailleurs (2 par bataillon) paraissant la juste proportion.

" Des observations faites pendant la bataille de Moukden on estime que le feu des mitrailleuses a donné une proportion d'hommes hors de combat supérieure à celle causée par le tir de l'artillerie.

L'emploi de détachements de mitrailleuses avec la cavalerie a donné de bons résultats en particulier à la bataille du Cha ho où la Brigade Kanin en quelques instants met hors de combat 1500 hommes (dont 500 morts) avec les mitrailleuses.

Les avis des officiers japonais sont partagés au sujet du bouclier

" Les chefs de corps en général lui reprochent d'être lourd, de fournir une bonne cible sur laquelle les balles ennemies viennent frapper en produisant un bruit qui impressionne défavorablement les hommes.

On trouve aussi qu'il limite le champ de la vision et que la fente ménagée dans le bouclier ne permet pas de voir avec assez de facilité.

" D'autres officiers estiment que malgré sa visibilité le bouclier constitue une protection sérieuse.- Cette protection n'est parfois que partielle et les servants préfèrent souvent se tenir droits au lieu de rester assis.

" La campagne de Mandchourie a donné la sanction de l'expérience à l'emploi des mitrailleuses dans la guerre moderne.

Si la nature en grande partie montagneuse de la région parcourue par les belligérants, la lenteur des opérations, l'importance énorme qu'ont ainsi acquis dans cette guerre de positions les travaux de fortification du champ de bataille il ne m'en paraît pas moins certain que les mitrailleuses dans les conditions pourtant différentes d'une guerre européenne pourront rendre de réels services dans la défensive, l'organisation des positions conquises et même dans l'offensive.

" Ceci toutefois à la condition que l'on prenne

Tes mesures pour que l'infanterie n'en soit pas alourdie, qu'on ne les utilise que dans les limites du possible et du bon sens et que l'on ne perde pas de vue que malgré leur puissance de destruction elles ne peuvent être comparées pas plus que l'artillerie comme résultats produits à de la bonne infanterie.

"Quant à leur répartition il semblerait que le nombre de 6 par régiment dans une armée européenne serait exagéré et qu'il serait préférable de ne pas les placer d'avance dans les corps mais de grouper le nombre de ces armes reconnu utile à la Division ou à la Brigade pour être employé par le commandement suivant les circonstances où et quand bon lui semblerait.

"Enfin l'adjonction de mitrailleuses aux éléments indépendants de cavalerie en qualité, comme on l'a dit, "d'infanterie condensée et montée "semble désormais indiquée.

Opinion du Colonel Lombard. – Le Colonel Lombard, chef de la Mission française en Mandchourie (Côté japonais) considère comme urgent et indispensable de doter toute notre infanterie d'une bonne mitrailleuse portative montée sur trépied et facile à dissimuler à raison d'un groupe de 2 à 4 machines par brigade d'infanterie.

Il signale l'utilité extrême des mitrailleuses pour tenir les points d'appui occupés.

Les Japonais affirment que lorsqu'ils avaient pu installer une ou deux mitrailleuses à la lisière d'un village récemment conquis ils avaient toujours balayé littéralement tous les retours offensifs des russes.

Résumé et conclusion

Résumé et Conclusion

La guerre de mandchourie a montré l'utilité incontestable des mitrailleuses.

Les avis sont unanimes au sujet des grands effets matériels et moraux qu'elles ont produit. Fait bien caractéristique, divers corps russes qui n'en avaient pas en achetèrent à leurs frais.

C'est surtout dans la défensive que ces engins ont montré leur terrible efficacité, en particulier au moment où les deux adversaires étant à quelques centaines de mètres les uns des autres, les hommes deviennent nerveux et tirent trop haut alors que leur tir pourrait être le plus efficace s'il était bien ajusté.

Machines sans nerfs et sans âme les mitrailleuses dans ces circonstances fauchent littéralement les assaillants.

Leur rôle dans l'offensive a encore été très grand lorsque, maintenues un peu en arrière de la ligne de feu, elles se sont trouvées néanmoins assez près pour arriver rapidement sur les points d'appui conquis. Leur intervention en temps opportun a pour ainsi dire rendu impossible le succès des retours offensifs.

S'il y a unanimité au sujet de la très

grande valeur des mitrailleuses, les opinions varient en ce qui concerne l'utilité du bouclier, la proportion de mitrailleuses à adopter et leur organisation en unités.

Le bouclier assure une certaine protection aux servants mais il gène les déplacements surtout pour la mitrailleuse à trépied qui paraît la seule qui puisse être donnée aux régiments d'infanterie — Il semble qu'il est plus utile que nuisible dans la défensive, plus nuisible qu'utile dans l'offensive. Il paraît de moins en moins en faveur au Japon.

Au sujet de la proportion à adopter pour les mitrailleuses les dotations préconisées varient de 1 à 6 et même 8 par régiment. Les officiers russes réclament généralement à peu près une mitrailleuse par bataillon, les officiers japonais 2 mitrailleuses par bataillon.

Les officiers français qui ont été en Mandchourie paraissent croire que la proportion demandée par les Japonais serait trop considérable pour une guerre en Europe.

En ce qui concerne l'organisation certains officiers sont partisans de la répartition dans les régiments, d'autres demandent la formation d'unités de mitrailleuses à la disposition des généraux de brigade ou de division.

La solution serait peut être : 1° de doter les régiments de quelques fusils mitrailleurs genre Madsen, à raison de 2 ou 4 par compagnie comme le demande le Chef d'État-Major de l'armée russe.

Ces engins ayant déjà une grande puissance de feu et pouvant fournir le tir ajusté sur appui, si nécessaire aux périodes critiques du combat à petite distance, sans avoir le poids de la mitrailleuse sur trépied (7ᵏ.300 au lieu de 72ᵏ pour la mitrailleuse sur trépied et son bouclier). L'adjonction d'un petit bouclier, protégeant le tireur couché laisserait l'arme encore très portative.

On aurait ainsi tout le long de la ligne de bataille ces machines sans nerfs à effets puissants qui paraissent si utiles aux périodes décisives du combat rapproché et l'on n'alourdirait ni ne gênerait la marche de l'infanterie.

Le petit bouclier protégeant le tireur couché serait peu visible et n'atténuerait pas le tir de l'artillerie.

2° de donner aux brigades ou aux divisions des unités de mitrailleuses à trépied, portées sur roues de façon à pouvoir être rapidement transportées sur l'ordre du commandement à proximité des points où elles devraient être utilisées.

Ces unités joueraient le rôle d'une artillerie très souple et très maniable à à portée restreinte pour appuyer l'action de l'infanterie.

L'adjonction de mitrailleuses aux éléments indépendants de cavalerie en qualité d'infanterie condensée et montée semble également indiquée.

9 782019 225032